Offizielle Spielregeln

Beach-Volleyball

5., völlig neu bearbeitete Auflage 2011

Die offiziellen Beach-Volleyball-Spielregeln der FIVB, Ausgabe 2011.

Zusammengestellt und bearbeitet vom Beach-Volleyball-Ausschuss und vom Bundesschiedsrichterausschuss des Deutschen Volleyball-Verbandes

hofmann.

Bibliografische Information der Deutschen Nationalbibliothek

Die Deutsche Nationalbibliothek verzeichnet diese Publikation in der Deutschen Nationalbibliografie; detaillierte bibliografische Daten sind im Internet über http://dnb.d-nb.de abrufbar.

Bestell-Nr. 3005

© 1995 by Hofmann-Verlag, Schorndorf

5., überarbeitete Auflage 2011

Zusammengestellt und bearbeitet vom Beach-Volleyball-Ausschuss und vom Bundesschiedsrichterausschuss des Deutschen Volleyball-Verbandes.

Alle Rechte vorbehalten. Ohne ausdrückliche Genehmigung des Verlags ist es nicht gestattet, die Schrift oder Teile daraus auf fototechnischem Wege zu vervielfältigen. Dieses Verbot – ausgenommen die in § 53, 54 URG genannten Sonderfälle – erstreckt sich auch auf die Vervielfältigung für Zwecke der Unterrichtsgestaltung. Als Vervielfältigung gelten alle Reproduktionsverfahren einschließlich der Fotokopie.

Fotos: Deutscher Volleyball-Verband

Druck: Druckerei Djurcic, 73614 Schorndorf

Printed in Germany · ISBN 978-3-7780-3005-9

Inhaltsverzeichnis

Vorwort ....

Offizielle Beachvolleyball Regeln 2009–2012 ....
Merkmale des Spiels...........................

Kapitel I: Spielanlage und Ausrüstung......

1 Spielfläche (Abb. 1) ....
1.1 Abmessungen ....
1.2 Oberfläche des Spielfelds................
1.3 Linien auf dem Spielfeld ....
1.4 Aufschlagzone ....
1.5 Wetter ....
1.6 Beleuchtung ....

2 Netz und Pfosten (Abb. 2)..................
2.1 Netz ....
2.2 Seitenbänder...........................
2.3 Antennen..............................
2.4 Netzhöhe..............................
2.5 Pfosten................................
2.6 Zusatzausrüstung......................

3 Der Ball.................................
3.1 Merkmale..............................
3.2 Gleichartigkeit der Bälle ....
3.3 Drei-Ball-System ....

Kapitel II: Teilnehmer

4 Teams
4.1 Zusammensetzung und Eintragung
4.2 Kapitän

5 Spielausrüstung
5.1 Ausrüstung
5.2 Erlaubte Veränderungen
5.3 Verbotene Gegenstände und Kleidung

6 Rechte und Pflichten der Teilnehmer
6.1 Beide Spieler
6.2 Kapitän
6.3 Position der Teilnehmer (Abb. 1)

Kapitel III: Punkt-, Satz- und Spielgewinn

7 Zählweise
7.1 Spielgewinn
7.2 Satzgewinn
7.3 Punktgewinn
7.4 Nichtantreten und unvollständiges Team

Kapitel IV: Vorbereitung und Aufbau des Spiels

8 Vorbereitung des Spiels
8.1 Auslosung
8.2 Einspielen

9 Teamaufstellung
9.1 Spieler
9.2 Spielerwechsel

10	**Positionen der Spieler** ....
10.1	Positionen ....
10.2	Aufschlagreihenfolge...............................
10.3	Fehler bei der Aufschlagreihenfolge ....

Kapitel V: Spielhandlungen................

11	**Spielsituationen** ....
11.1	Ball „im Spiel" ....
11.2	Ball „aus dem Spiel" ....
11.3	Ball „in" ....
11.4	Ball „aus"...

12	**Spielfehler** ....
12.1	Definiton ....
12.2	Folgen eines Fehlers ....

13	**Das Spielen des Balles** ....
13.1	Schläge pro Team ....
13.2	Gleichzeitige Kontakte...........................
13.3	Schlag mit Hilfestellung.........................
13.4	Merkmale des Schlags ....
13.5	Fehler beim Spielen des Balles ....

14	**Ball am Netz** ....
14.1	Ball überquert das Netz..........................
14.2	Ball berührt das Netz.............................
14.3	Ball im Netz..

15	**Spieler am Netz** ....
15.1	Über das Netz reichen...........................
15.2	Eindringen in den Spielraum, das Spielfeld und/oder die Freizone des Gegners............

15.3 Kontakt mit dem Netz ....
15.4 Spielerfehler am Netz ....

16 Aufschlag ....
16.1 Definition ....
16.2 Erster Aufschlag im Satz ....
16.3 Aufschlagreihenfolge ....
16.4 Genehmigung des Aufschlages ....
16.5 Ausführung des Aufschlages ....
16.6 Sichtblock ....
16.7 Fehler beim Aufschlag ....
16.8 Fehler beim Aufschlag nach dem Schlagen des Balles ....

17 Angriffsschlag ....
17.1 Definition ....
17.2 Fehler beim Angriffsschlag ....

18 Block ....
18.1 Definition ....
18.2 Anzahl der Schläge des Blocks ....
18.3 Block im gegnerischen Raum ....
18.4 Blockkontakt ....
18.5 Fehler des Blocks ....

Kapitel VI: Auszeiten und Verzögerungen ..

19 Auszeiten ....
19.1 Definition ....
19.2 Anzahl der Auszeiten ....
19.3 Antrag auf Auszeit ....
19.4 Unberechtigte Anträge ....

20 Spielverzögerungen ....
20.1 Arten von Spielverzögerungen. ....
20.2 Sanktionen für Verzögerungen ....

21 Spielunterbrechung in Ausnahmefällen .....
21.1 Verletzungen. ....
21.2 Äußere Beeinträchtigung ....
21.3 Längere Unterbrechungen ....

22 Seitenwechsel und Pausen. ....
22.1 Seitenwechsel. ....
22.2 Pausen. ....

Kapitel VII: Unkorrektes Verhalten ....

23 Unkorrektes Verhalten ....
23.1 Kategorien. ....
23.2 Sanktionen ....
23.3 Skala der Sanktionen (Abb. 7). ....
23.4 Unkorrektes Verhalten vor und zwischen
den Sätzen ....

Kapitel VIII: Schiedsgericht und
Verfahrensweisen ....

24 Schiedsgericht und Verfahrensweisen ......
24.1 Zusammensetzung ....
24.2 Verfahrensweisen. ....

25 Erster Schiedsrichter ....
25.1 Standort. ....
25.2 Befugnisse ....
25.3 Zuständigkeiten ....

26 Zweiter Schiedsrichter ....
26.1 Standort. ....
26.2 Befugnisse ....
26.3 Zuständigkeiten ....

27 Schreiber ....
27.1 Standort. ....
27.2 Zuständigkeiten ....

28 Linienrichter ....
28.1 Standort. ....
28.2 Zuständigkeiten ....

29 Offizielle Zeichen. ....
29.1 Handzeichen der Schiedsrichter (Abb. 8). ......
29.2 Fahnenzeichen der Linienrichter (Abb. 9) .....

Anhang ....

Offizieller Beach-Volleyball-Spielberichtsbogen des DVV. ....
Beach-Volleyball/Double Elimination 16 Mannschaften ....
Beach-Volleyball/Double Elimination 24 Mannschaften ....
Wichtige Anschriften des DVV ....
Informationen zum Beachanlagenbau ....

Abbildungen ....

1   Die Spielfläche ....
2   Das Netz ....

3	Ball bei der Überquerung der senkrechten Netzebene	....
4	Sichtblock	....
5	Ausgeführter Block	....
6	Standort des Schiedsgerichts und seiner Helfer	.
7	Skala der Sanktionen für unkorrektes Verhalten	.
8	Offizielle Handzeichen der Schiedsrichter	......
9	Offizielle Fahnenzeichen der Linienrichter	......

Vorwort

Zur 5. Auflage

Seit der Drucklegung der 4. Auflage 2005 dieses Regelbuchs hat die FIVB eine Reihe von Änderungen des Beach-Volleyball-Regelwerks vorgenommen. In der vorliegenden 5. Auflage ist der deutsche Regeltext dementsprechend überarbeitet und inhaltlich auf den neuesten Stand gebracht.

Der im Anhang abgedruckte offizielle Beach-Volleyball-Spielberichtsbogen des DVV ist ebenfalls aktualisiert.

Verzichtet wurde auf die bisherige explizite Auflistung wichtiger Anschriften des DVV. Stattdessen ist eine Internetadresse angegeben, unter der solche Informationen tagesaktuell eingesehen werden können.

Mein Dank gilt Munir Fattah, der diese Überarbeitung durchgeführt hat.

DVV-Schiedsrichterausschuss
Prof. Dr. Fred Kröger
Vorsitzender

Offizielle Beach-Volleyball-Regeln 2009–2012

Merkmale des Spiels

Beach-Volleyball ist eine Sportart, bei der sich zwei Mannschaften aus je 2 Spielern auf einem durch ein Netz geteilten Sand-Spielfeld gegenüberstehen. Für verschiedene Gegebenheiten gibt es unterschiedliche Versionen, um das Spiel jedem zugänglich zu machen.

Ziel des Spiels ist für jede Mannschaft, den Ball regelgerecht über das Netz auf den Boden der gegnerischen Spielfeldhälfte zu bringen und zu verhindern, dass er in der eigenen Spielfeldhälfte zu Boden fällt.

Eine Mannschaft hat das Recht, den Ball dreimal zu berühren, um ihn in die gegnerische Spielfeldhälfte zurückzuspielen (einschließlich der Blockberührung).

Der Ball wird von einem Aufschlagspieler ins Spiel gebracht. Er führt den Aufschlag aus, indem er den Ball über das Netz in die gegnerische Spielfeldhälfte schlägt. Der Spielzug dauert so lange, bis der Ball den Boden berührt, „aus" geht, oder es einer Mannschaft nicht gelingt, ihn regelgerecht zurückzuspielen.

Beim Beach-Volleyball erhält die Mannschaft, die den Spielzug gewinnt, einen Punkt (Rally-Point-System). Wenn die annehmende Mannschaft den Spielzug gewinnt, erhält sie einen Punkt und das Aufschlagrecht. Der Aufschlagspieler wechselt jedes Mal nach Erhalt des Aufschlags.

Kapitel I: Spielanlage und Ausrüstung

1 Spielfläche (Abb. 1)

Die Spielfläche umfasst das Spielfeld und die Freizone.

1.1 Abmessungen

1.1.1 Das Spielfeld ist ein Rechteck von 16 x 8 m, umgeben von einer Freizone von mindestens 3 m Breite. Ein Raum von mindestens 7 m Höhe über der Spielfeldoberfläche muss frei von jedem Hindernis sein.

1.1.2 Für offizielle internationale Wettbewerbe der FIVB muss die Freizone außerhalb der Seitenlinie und der Grundlinie mindestens 5 m und maximal 6 m betragen. Der Freiraum ist mindestens 12,5 m hoch, gemessen von der Spieloberfläche.

1.2 Oberfläche des Spielfelds

1.2.1 Die Spielfeldoberfläche muss eben sein und aus Sand bestehen, so eben und einheitlich wie möglich, ohne Steine, Muscheln, etc., die ein Risiko für Schnittwunden und Verletzungen der Spieler darstellen können.

1.2.2 Für offizielle internationale Wettbewerbe der FIVB muss der Sand mindestens 40 cm tief sein und aus locker miteinander verbundenen, abgerundeten Körner bestehen.

1.2.3 Die Spielfeldoberfläche darf für die Spieler keinerlei Verletzungsgefahr aufweisen.

1.2.4 Für offizielle internationale Wettbewerbe der FIVB sollte der Sand zu einer akzeptablen Größe gesiebt werden; d. h. nicht zu grob, frei von Steinen und anderen gefährdenden Partikeln. Er sollte auch nicht zu fein sein, so dass er zu staubig ist und an der Haut klebt.

1.2.5 Für offizielle internationale Wettbewerbe der FIVB wird im Falle, dass es regnet eine Plane zur Abdeckung des Center Court empfohlen.

1.3 **Linien auf dem Spielfeld**

1.3.1 Das Spielfeld wird von zwei Seitenlinien und zwei Grundlinien begrenzt. Sowohl die Seiten- als auch die Grundlinien gehören zum Spielfeld.

1.3.2 Es gibt keine Mittellinie.

1.3.3 Alle Linien sind 5–8 cm breit.

1.3.4 Die Linien müssen von einer Farbe sein, die sich deutlich von der Farbe des Sandes abhebt.

1.3.5 Die Linien sollten Bänder aus widerstandsfähigem Material sein. Alle freistehenden Anker sollten aus einem weichen, elastischen Material sein.

1.4 **Aufschlagzone**

Die Aufschlagzone ist der Bereich hinter der Grundlinie, seitlich begrenzt durch die Verlängerung der beiden Seitenlinien. In der Tiefe erstreckt sie sich bis zum Ende der Freizone.

1.5 **Wetter**

Von den Wetterverhältnissen darf für die Spieler keinerlei Verletzungsgefahr ausgehen.

Spielfläche

Abb. 1
R. 1

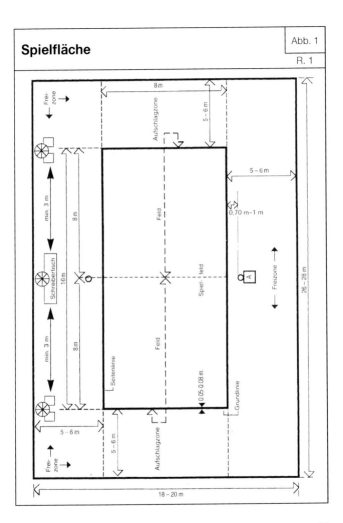

1.6 Beleuchtung

Für offizielle internationale Wettbewerbe, die abends stattfinden, sollte die Beleuchtung der Spielfläche, gemessen 1 m über der Spielfeldoberfläche, 1000–1500 Lux betragen.

Für offizielle internationale Wettbewerbe der FIVB entscheiden der Technical Supervisor, der Hauptschiedsrichter und der Turnierdirektor, ob von einem der oben aufgeführten Verhältnisse eine Verletzungsgefahr für die Spieler ausgeht.

2 Netz und Pfosten (Abb. 2)

2.1 Netz

Das Netz ist in gespanntem Zustand 8,5 m lang und 1 m (±3 cm) breit. Es wird senkrecht über der Mittelachse des Spielfeldes befestigt.

Es besteht aus 10 cm großen, quadratischen Maschen. An der Ober- und Unterkante befinden sich zwei 7–10 cm breite, umgefaltete, über die ganze Länge zusammengenähte Bänder, vorzugsweise in dunkelblau oder einer hellen Farbe. An beiden Enden der Oberkante ist eine Öffnung, durch die ein Seil gezogen wird, um das Band an den Pfosten zu befestigen und die Oberkante des Netzes straff zu halten.

Innerhalb der Bänder verläuft ein flexibles Seil durch die Oberkante und ein Seil durch die Unterkante, mit denen das Netz an den Pfosten befestigt wird und seine Ober- und Unterkante gespannt werden. Werbung ist auf den horizontalen Bändern erlaubt.

Das Netz

Abb. 2
R. 2

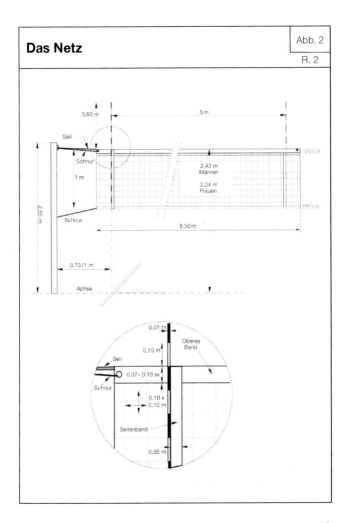

Für offizielle internationale Wettbewerbe der FIVB kann ein 8,0 m langes Netz mit kleineren Maschen und Aufdrucken zwischen den Netzenden und den Pfosten verwendet werden, sofern die Sicht für Spieler und Schiedsrichter bewahrt wird. Werbung darf auf die oben erwähnten Objekte gemäß den FIVB Bestimmungen gedruckt werden.

2.2 **Seitenbänder**

Zwei farbige Bänder, 5–8 cm breit (dieselbe Breite wie die Spielfeldlinien) und 1 m lang werden vertikal am Netz oberhalb der Seitenlinien befestigt. Sie gehören zum Netz. Werbung ist auf den Seitenbändern erlaubt.

2.3 **Antennen**

Eine Antenne ist ein flexibler Stab von 1,8 m Länge und 10 mm Durchmesser. Sie besteht aus Glasfiber oder einem ähnlichen Material. Zwei Antennen werden an den Außenkanten eines jeden Seitenbandes auf zwei gegenüberliegenden Seiten des Netzes befestigt (Abb. 2).

Die oberen 80 cm einer jeden Antenne befinden sich oberhalb des Netzes und sind in Abschnitten von je 10 cm in kontrastierenden Farben markiert, vorzugsweise rot und weiß.

Die Antennen werden als zum Netz gehörig betrachtet und begrenzen seitlich den Überquerungssektor (Abb. 3, *Regel 14.1.1*).

Ball, der das Netz zum Feld des Gegners überquert

Abb. 3
R. 2.3/11.4/14.1

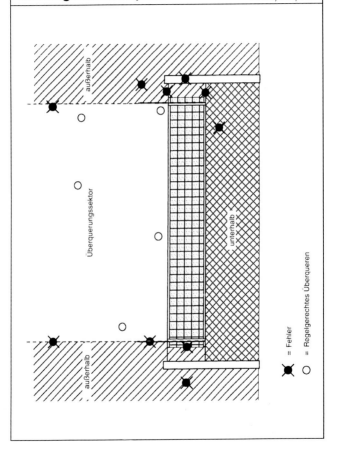

2.4 Netzhöhe

Die Netzhöhe beträgt für Männer 2,43 m und für Frauen 2,24 m. Bemerkung: Die Netzhöhe kann in den folgenden Altersgruppen variieren:

Altersgruppen	Frauen	Männer
16 Jahre und jünger	2,24 m	2,24 m
14 Jahre und jünger	2,12 m	2,12 m
12 Jahre und jünger	2,00 m	2,00 m

Sie wird in der Mitte des Spielfeldes mit einer Messlatte gemessen. Über den Seitenlinien muss das Netz gleich hoch sein und darf die vorgeschriebene Höhe nicht um mehr als 2 cm überschreiten.

2.5 Pfosten

Die Pfosten, die das Netz halten, müssen 2,55 m hoch, abgerundet und glatt und vorzugsweise verstellbar sein. Sie müssen in einem, auf beiden Seiten gleichen, Abstand von 0,7–1,0 m von jeder Seitenlinie bis zur Polsterung der Pfosten befestigt sein. Ihre Befestigung mittels Spannseilen zum Boden ist untersagt. Alle gefährlichen und behindernden Konstruktionen sind verboten. Die Pfosten müssen gepolstert sein.

2.6 Zusatzausrüstung

Jegliche Zusatzausrüstung wird durch Regularien der FIVB festgelegt.

3 Der Ball

3.1 Merkmale

Der Ball muss kugelförmig sein und aus einem weichen Material (Leder, Kunstleder oder ähnlichem) bestehen, das keine Feuchtigkeit aufnimmt, d. h. er muss den Bedingungen im Freien angepasst sein, da die Wettbewerbe auch dann ausgetragen werden können, wenn es regnet. Der Ball enthält eine Blase aus Gummi oder ähnlichem Material. Die Zulassung von synthetischem Leder ist durch FIVB Regularien festgelegt.

Farbe:	helle Farben (gelb, orange, pink, weiß, etc.)
Umfang:	66–68 cm für offizielle internationale Wettbewerbe der FIVB
Gewicht:	260–280 g
Innendruck:	171–221 mbar oder hPa (0,175–0,225 kg/cm^2)

3.2 **Einheitlichkeit der Bälle**

Die während eines Wettkampfes verwendeten Bälle müssen die gleichen Eigenschaften bezüglich Farbe, Umfang, Gewicht, Druck, Fabrikat, usw. aufweisen.

Bei offiziellen internationalen Wettbewerben muss mit Bällen gespielt werden, die von der FIVB zugelassen sind.

3.3 **Drei-Ball-System**

Bei offiziellen internationalen Wettbewerben der FIVB müssen drei Bälle verwendet werden. Es werden dann sechs Ballholer eingesetzt; je einer an den Ecken der Freizonen und je einer hinter den Schiedsrichtern (Abb. 4).

Standort des Schiedsgerichts und seiner Helfer

Abb. 4
R. 3.3/25–28

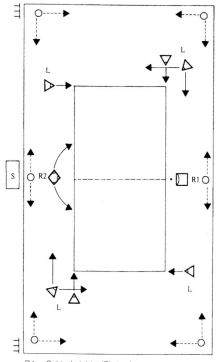

R1 = Schiedsrichter/First referee
R2 = 2. Schiedrichter/Second referee
S = Schreiber/Scorer
L = Linienrichter/Linejudges
O = Ballholer/Ball retrievers
T = Sandnivellierer/Sandlevelers

Kapitel II: Teilnehmer

4 Teams

4.1 Zusammensetzung und Eintragung

4.1.1 Ein Team besteht aus zwei Spielern.

4.1.2 Nur die beiden auf dem Spielberichtsbogen eingetragenen Spieler dürfen am Spiel teilnehmen.

4.1.3 Bei offiziellen internationalen Wettbewerben der FIVB ist Coaching während des Spiels nicht erlaubt.

4.2 Kapitän

Der Teamkapitän ist im Spielberichtsbogen kenntlich zu machen.

5 Spielerausrüstung

5.1 Ausrüstung

5.1.1 Die Spielbekleidung besteht aus Shorts oder einem Badeanzug. Ein Trikot oder Trägershirt ist zugelassen, es sei denn die Turniervorschriften schreiben etwas anderes vor. Die Spieler dürfen eine Kopfbedeckung tragen.

5.1.2 Bei offiziellen internationalen Wettbewerben der FIVB müssen die Spieler desselben Teams bezüglich Farbe und Muster die gleiche Spielerkleidung tragen. Sie muss den Turnierbestimmungen entsprechen.

5.1.3 Die Spielkleidung muss sauber sein.

5.1.4 Die Spieler müssen barfuß spielen, ausgenommen der Schiedsrichter genehmigt etwas anderes.

5.1.5 Die Trikots der Spieler (oder die Shorts, wenn es den Spielern gestattet wird, ohne Trikot zu spielen) müssen mit 1 und 2 nummeriert sein. Die Nummern müssen auf der Brust platziert sein (oder auf der Vorderseite der Shorts).

5.1.6 Die Nummern müssen von deutlich anderer Farbe als das Trikot und mindestens 10 cm hoch sein. Der Streifen, aus dem die Nummern bestehen, muss mindestens 1,5 cm breit sein.

5.2 **Erlaubte Veränderungen**

5.2.1 Treten beide Teams zu einem Spiel in Trikots von gleicher Farbe an, entscheidet das Los, welches Team das Trikot wechseln muss.

5.2.2 Der erste Schiedsrichter kann einem oder mehreren Spieler gestatten:
a) in Socken und/oder Schuhen zu spielen,
b) durchnässte Trikots zwischen den Sätzen zu wechseln, vorausgesetzt, dass auch die neuen Trikots den Turnier- und FIVB-Vorschriften entsprechen *(Regeln 5.1.5 und 5.1.6)*.

5.2.3 Der erste Schiedsrichter kann einem Spieler auf Antrag gestatten, in Unterhemd und Trainingshose zu spielen.

5.3 **Verbotene Gegenstände und Kleidung**

5.3.1 Es ist untersagt, Gegenstände zu tragen, die Verletzungen verursachen können, wie z. B. Schmuck, Pins, Armbänder, Verbände, usw.

5.3.2 Die Spieler dürfen auf eigenes Risiko Brillen tragen.

5.3.3 Es ist verboten, Spielerkleidung ohne ordnungsgemäße Nummern zu tragen *(Regeln 5.1.5 und 5.1.6)*.

6 Rechte und Pflichten der Teilnehmer

6.1 **Beide Spieler**

6.1.1 Die Teilnehmer müssen die offiziellen Beachvolleyball-Regeln kennen und sie befolgen.

6.1.2 Die Entscheidungen der Schiedsrichter sind im sportlichen Geist widerspruchslos anzuerkennen. Im Zweifelsfall kann um eine Erläuterung gebeten werden.

6.1.3 Die Teilnehmer haben sich im Geiste des Fair Play respektvoll und höflich nicht nur gegenüber den Schiedsrichtern zu verhalten, sondern auch gegenüber anderen Offiziellen, Gegnern, Teammitgliedern und Zuschauern.

6.1.4 Die Teilnehmer haben Handlungen oder Haltungen zu unterlassen, die darauf abzielen, Entscheidungen der Schiedsrichter zu beeinflussen oder vom eigenen Team begangene Fehler zu vertuschen.

6.1.5 Die Teilnehmer haben Handlungen zu unterlassen, die darauf abzielen, das Spiel zu verzögern.

6.1.6 Kommunikation zwischen den Teammitgliedern während des Spiels ist erlaubt.

6.1.7 Während des Spiels ist es beiden Spielern in den folgenden drei Fällen erlaubt, mit den Schiedsrichtern zu sprechen, wenn sich der Ball nicht im Spiel befindet *(Regel 6.1.2)*:

a) Um Erläuterung über die Anwendung oder Auslegung der Regeln zu erbitten. Wenn die Erläuterung die Spieler nicht zufrieden stellt, muss einer von ihnen dem Schiedsrichter sofort mitteilen, dass sie wünschen, ein Protestprotokoll einzuleiten.

b) Um die Genehmigung zu erbitten:
- die Spielbekleidung oder Ausrüstung zu wechseln,
- die Nummer des aufschlagenden Spielers festzustellen,
- das Netz, den Ball, die Spielfläche, etc. zu überprüfen,
- eine Spielfeldlinie auszurichten.

c) Um eine Auszeit zu beantragen *(Regel 19.3)*.

Bemerkung: Die Spieler müssen die Erlaubnis der Schiedsrichter einholen, um die Spielfläche zu verlassen.

6.1.8 Nach dem Spiel:
a) Beide Spieler danken den Schiedsrichtern und den Gegnern.
b) Falls einer der beiden Spieler gegenüber dem ersten Schiedsrichter ein Protestprotokoll beantragt hat, kann er den Protest bestätigen, der auf Spielberichtsbogen festgehalten wurde *(Regel 6.1.7a oben)*.

6.2 **Kapitän**

6.2.1 Vor dem Spiel muss der Teamkapitän:

a) den Spielberichtsbogen unterschreiben.

b) sein Team bei der Auslosung vertreten.

6.2.2 Am Ende des Spiels kontrollieren die Kapitäne den Spielberichtsbogen und bestätigen das Resultat mit ihrer Unterschriften.

6.3 **Position der Teilnehmer** (Abb. 1)

Die Spielersitze müssen sich 5 m von der Seitenlinie und mindestens 3 m vom Schreibertisch entfernt befinden.

Kapitel III: Punkt-, Satz- und Spielgewinn

7 Zählweise

7.1 Spielgewinn

7.1.1 Das Spiel ist gewonnen, wenn ein Team zwei Sätze gewinnt.

7.1.2 Im Falle eines 1–1 Gleichstands, wird der entscheidende (dritte) Satz bis 15 Punkte gespielt, mit einem Minimum von zwei Punkten Vorsprung.

7.2 Satzgewinn

7.2.1 Ein Satz (mit Ausnahme des entscheidenden, dritten Satz) ist gewonnen, wenn ein Team als erstes 21 Punkte, mit mindestens zwei Punkten Vorsprung erreicht. Im Falle eines 20:20 Gleichstandes, wird weiter gespielt, bis zwei Punkte Vorsprung erreicht sind (22–20, 23–21, etc.).

7.2.2 Der entscheidende (dritte) Satz wird entsprechend *Regel 7.1.2* gespielt.

7.3 Punktgewinn

Wann immer einem Team der Aufschlag oder das Zurückspielen des Balles misslingt bzw. es einen anderen Fehler begeht, gewinnt der Gegner den Spielzug mit einer der folgenden Auswirkungen:

7.3.1 War der Gegner das aufschlagende Team, gewinnt es einen Punkt und schlägt weiter auf.

7.3.2 War der Gegner das annehmende Team, gewinnt es einen Punkt und erhält das Aufschlagrecht.

7.4 **Nichtantreten und unvollständiges Team**

7.4.1 Wenn sich ein Team trotz Aufforderung weigert zu spielen, wird es als nicht angetreten erklärt und verliert das Spiel mit dem Spielergebnis von 0–2 und den Satzergebnissen von 0–21, 0–21.

7.4.2 Ein Team, das sich ohne triftigen Grund nicht rechtzeitig auf dem Spielfeld befindet, wird mit dem gleichen Ergebnis wie in *Regel 7.4.1* als nicht angetreten erklärt.

7.4.3 Ein für den Satz oder für das Spiel als unvollständig erklärtes Team verliert den Satz oder das Spiel *(Regel 9.1)*. Dem gegnerischen Team werden die zum Satzgewinn oder die zum Spielgewinn fehlenden Punkte und Sätze zuerkannt. Das unvollständige Team behält seine Punkte und Sätze.
Bei offiziellen internationalen Wettbewerben der FIVB kann, wenn im Pool Play Format gespielt wird, die *Regel 7.4* geändert werden, wie es in dem von der FIVB fristgerecht veröffentlichtem, spezifischen Wettkampfreglement erwähnt ist. Dieses regelt auch die Art und Weise der Behandlung der auftretenden Fälle von nicht angetretenen oder unvollständigen Teams.

Kapitel IV: Vorbereitung und Aufbau des Spiels

8 Vorbereitung des Spiels

8.1 **Auslosung**

Vor dem Einspielen vollzieht der erste Schiedsrichter im Beisein der beiden Teamkapitäne die Auslosung. Der Gewinner der Auslosung wählt:
entweder
a) das Recht den Aufschlag auszuführen bzw. die Annahme des Aufschlags
oder
b) die Spielfeldseite
Dem Verlierer verbleibt die Alternative.
Im zweiten Satz hat der Verlierer der Auslosung zum ersten Satz das Recht der Wahl von a) oder b). Vor dem entscheidenden Satz wird eine neue Auslosung vollzogen.

8.2 **Einspielen**

Vor dem Spiel dürfen die Teams sich 3 Minuten am Netz aufwärmen, wenn sie vorher ein anderes Spielfeld zur Verfügung hatten. Falls nicht, erhalten sie 5 Minuten Aufwärmzeit.

9 Teamaufstellung

9.1 **Spieler**

Es müssen sich immer beide Spieler eines jeden Teams im Spiel befinden *(Regel 4.1.1)*.

9.2 **Spielerwechsel**

Die Spieler dürfen ***nicht*** ersetzt oder ausgewechselt werden.

10 Positionen der Spieler

10.1 **Positionen**

10.1.1 In dem Moment, in dem der Aufschlagspieler den Ball schlägt, muss sich jedes Team (ausgenommen des Aufschlagsspielers) in seiner eigenen Spielfeldhälfte befinden.

10.1.2 Die Spieler können ihre Position frei wählen. Es gibt auf dem Spielfeld keine festgelegten Positionen.

10.1.3 Es gibt ***keine*** Positionsfehler.

10.2 **Aufschlagreihenfolge**

Die Aufschlagreihenfolge (wie vom Teamkapitän unmittelbar nach der Auslosung festgelegt) muss während des gesamten Satzes beibehalten werden.

10.3 **Fehler bei der Aufschlagreihenfolge**

10.3.1 Ein Fehler bei der Aufschlagreihenfolge wird begangen, wenn der Aufschlag nicht entsprechend der Aufschlagreihenfolge aufgeführt wird.

10.3.2 Der Schreiber muss die Aufschlagreihenfolge korrekt anzeigen und einen falschen Spieler korrigieren.

10.3.3 Ein Fehler in der Aufschlagreihenfolge wird mit einem Spielzugverlust geahndet *(Regel 12.2.1)*.

Kapitel V: Spielhandlungen

11 Spielsituationen

11.1 Ball „Im Spiel"

Der Aufschlag wird durch den Pfiff des ersten Schiedsrichters bewilligt. Der Ball befindet sich ab dem Moment des Ballkontaktes beim Schlagen des Aufschlags „im Spiel".

11.2 Ball „Aus Dem Spiel"

Der Spielzug endet mit dem Pfiff des Schiedsrichters. Erfolgt der Pfiff aufgrund eines im Spiel begangenen Fehlers, ist der Ball in dem Augenblick „aus dem Spiel", in dem der Fehler begangen wurde *(Regel 12.2.2)*.

11.3 Ball „In"

Der Ball ist „in", wenn er den Boden des Spielfeldes einschließlich der Begrenzungslinien berührt *(Regel 1.3)*.

11.4 Ball „Aus"

Der Ball ist „aus", wenn er:

a) vollständig außerhalb der Begrenzungslinien auf den Boden fällt (ohne diese zu berühren);

b) einen Gegenstand außerhalb des Feldes, die Decke oder eine außerhalb des Spiels befindliche Person berührt;

c) die Antennen, Spannseile, Pfosten oder das Netz außerhalb der Antennen bzw. Seitenbänder berührt;

d) während des Aufschlags oder nach der dritten Berührung eines Teams die senkrechte Ebene des Netzes ganz oder nur teilweise außerhalb des Überquerungssektors vollständig überquert (*Regel 14.1.3*, Abb. 3).

12 Spielfehler

12.1 **Definition**

12.1.1 Jede Handlung entgegen den Spielregeln ist ein Spielfehler.

12.1.2 Die Schiedsrichter bewerten die Fehler und legen entsprechend der Regeln die Folgen fest.

12.2 **Folgen eines Fehlers**

12.2.1 Jeder Fehler wird geahndet. Der Gegner des Teams, welches den Fehler begeht, gewinnt entsprechend *Regel 7.3* den Spielzug.

12.2.2 Wenn zwei oder mehrere Fehler nacheinander begangen werden, wird nur der erste geahndet.

12.2.3 Werden zwei oder mehrere Fehler von Gegnern gleichzeitig begangen, zählt dies als **Doppelfehler** und der Spielzug wird wiederholt.

13 Das Spielen des Balles

Jedes Team muss innerhalb der eigenen Spielfläche und des eigenen Spielraumes spielen (ausgenommen *Regel 14.1.2*). Der Ball darf aber auch von außerhalb der Freizone zurückgespielt werden.

13.1 Schläge pro Team

13.1.1 Jedes Team hat das Recht auf höchstens drei Schläge, um den Ball über das Netz zurückzuspielen.

13.1.2 Diese Schläge des Teams schließen nicht nur absichtliche Schläge der Spieler ein, sondern auch alle unbeabsichtigten Ballkontakte.

13.1.3 Ein Spieler darf den Ball nicht zweimal hintereinander berühren (ausgenommen *Regeln 13.4.3a und 18.2*).

13.2 Gleichzeitige Kontakte

13.2.1 Zwei Spieler dürfen den Ball gleichzeitig berühren.

13.2.2 Wenn zwei Spieler eines Teams den Ball gleichzeitig berühren, so zählt dies als zwei Schläge (Ausnahme siehe *Regel 18.4.2*). Wenn zwei Spieler einer Mannschaft den Ball zu erreichen versuchen, aber nur einer von ihnen den Ball berührt, gilt dies als eine Berührung.

Falls zwei Spieler zusammenstoßen, wird dies nicht als Fehler gewertet.

13.2.3 Bei gleichzeitigem Ballkontakt durch zwei Gegner oberhalb des Netzes hat das Team, auf dessen Seite der Ball danach fällt, falls der Ball im Spiel bleibt, das Recht auf drei weitere Schläge. Geht ein solcher Ball „aus", ist dies ein Fehler des Teams auf der gegenüberliegenden Seite.

Führen gleichzeitige Ballkontakte von Gegnern zu einem „gehaltenen Ball", so wird dies **nicht** als Fehler gewertet.

13.3 Schlag mit Hilfestellung

Innerhalb der Spielfläche darf ein Spieler weder von einem Teammitglied noch durch irgendein Gerät oder einen Gegenstand Unterstützung erhalten, um den Ball zu spielen. Ist jedoch der Spieler im Begriff, einen Fehler zu begehen (z. B. das Netz zu berühren oder einen Gegner zu behindern, etc.), darf er von seinem Mitspieler gehindert oder zurückgehalten werden.

13.4 Merkmale des Schlages

13.4.1 Der Ball darf mit jedem Teil des Körpers berührt werden.

13.4.2 Der Ball muss geschlagen werden, er darf nicht gefangen oder geworfen werden. Er darf in jede Richtung zurückprallen.

Ausnahmen:

a) Zur Abwehr eines hart geschlagenen Balles. In diesem Fall kann der Ball einen Moment lang mit den Fingern im oberen Zuspiel gehalten werden.

b) Wenn gleichzeitige Ballkontakte von Gegnern über dem Netz zu einem „gehaltenen Ball" führen.

13.4.3 Der Ball darf mehrere Körperteile berühren, wenn dies gleichzeitig geschieht.

Ausnahmen:

a) Beim Block dürfen Ballkontakte von einem oder mehreren Spielern aufeinander folgen, wenn diese Berührungen innerhalb derselben Aktion stattfinden *(Regel 18.4.2)*.

b) Beim ersten Schlag eines Teams, außer wenn der Ball mit den Fingern im oberen Zuspiel gespielt wird (Ausnahme *Regel 13.4.2*), darf der Ball nacheinander Kontakt mit verschiedenen Körperteilen haben, vorausgesetzt diese Kontakte erfolgen innerhalb derselben Aktion.

13.5 Fehler beim Spielen des Balls

13.5.1 **Vier Schläge:** Ein Team schlägt den Ball viermal bevor es ihn zurückspielt *(Regel 13.1.1)*.

13.5.2 **Schlag mit Hilfestellung:** Ein Spieler bedient sich innerhalb der Spielfläche der Hilfe des Mitspielers oder eines Geräts/Gegenstandes, um den Ball zu spielen *(Regel 13.3)*.

13.5.3 **Gehaltener Ball:** Ein Spieler schlägt den Ball nicht regelgerecht *(Regel 13.4.2)*. Ausnahmen: Zur Abwehr eines hart geschlagenen Balles *(Regel 13.4.2a)* oder wenn ein gleichzeitiger Ballkontakt der Gegner über dem Netz zu einem kurzzeitig „gehaltenen Ball" führt *(Regel 13.4.2b)*.

13.5.4 **Doppelschlag:** Ein Spieler schlägt den Ball zweimal hintereinander oder der Ball hat hintereinander Kontakt mit verschiedenen Teilen des Körpers *(Regeln 13.1.3, 13.4.3)*.

14 Ball am Netz

14.1 Ball überquert das Netz

14.1.1 Der Ball, der in die gegnerische Spielfeldhälfte gespielt wird, muss innerhalb des Überquerungssektors über das Netz fliegen (Abb. 3). Der Überquerungssektor ist der Teil der senkrechten Ebene des Netzes, der begrenzt wird:

a) unten durch die Oberkante des Netzes,
b) seitlich durch die Antennen und deren gedachte Verlängerung,
c) oben durch die Decke oder Aufbau (falls vorhanden).

14.1.2 Ein Ball, der ganz oder teilweise außerhalb des Überquerungssektors in Richtung der gegnerischen Freizone *(Regel 15)* fliegt, kann zurückgespielt werden, sofern der Ball beim zurückfliegen in die eigene Feldhälfte wieder den Überquerungssektor teilweise oder ganz außerhalb und auf derselben Seite durchquert.

Das gegnerische Team darf eine solche Aktion nicht behindern.

14.1.3 Der Ball ist „aus", wenn er die senkrechte Ebene unterhalb des Netzes vollständig durchquert hat (Abb. 3).

14.1.4 Ein Spieler darf die gegnerische Spielfeldhälfte betreten, um den Ball zu spielen, bevor dieser die senkrechte Ebene unterhalb des Netzes oder außerhalb des Überquerungssektors vollständig durchquert hat *(Regel 15.2)*.

14.2 **Ball berührt das Netz**

Der Ball darf das Netz beim Überqueren berühren *(Regel 14.1.1)*.

14.3 **Ball im Netz**

14.3.1 Ein ins Netz gegangener Ball darf im Rahmen der drei Schläge des Teams weitergespielt werden.

14.3.2 Wenn der Ball die Maschen des Netzes beschädigt oder das Netz herunterreißt, wird der Spielzug annulliert und wiederholt.

15 Spieler am Netz

15.1 **Über das Netz reichen**

15.1.1 Ein Spieler darf beim Blocken den Ball jenseits des Netzes berühren, vorausgesetzt, dass er das Spiel des Gegners weder vor noch während dessen Angriffschlages stört *(Regel 18.3)*.

15.1.2 Nach seinem Angriffsschlag darf ein Spieler seine Hände über das Netz führen, wenn der Ballkontakt im eigenen Spielraum stattgefunden hat.

15.2 **Eindringen in den Spielraum, das Spielfeld und/oder die Freizone des Gegners**

Das Eindringen in den gegnerischen Raum, das Spielfeld oder die Freizone ist erlaubt, wenn dabei der Gegner nicht behindert wird.

15.3 **Kontakt mit dem Netz**

15.3.1 Der Kontakt mit dem Netz durch einen Spieler ist kein Fehler, außer wenn dies während der Spielaktion mit dem Ball geschieht oder dadurch das Spiel gestört wird. Ein zufälliger Kontakt von Haaren mit dem Netz ist kein Fehler. Eine Spielaktion kann auch Handlungen von Spielern beinhalten, bei denen der Ball nicht berührt wird.

15.3.2 Nachdem der Spieler den Ball geschlagen hat, darf er die Pfosten, die Spannseile, oder jeden Gegenstand außerhalb der gesamten Länge des Netzes berühren, wenn er dadurch das Spiel nicht stört.

15.3.3 Es ist kein Fehler, wenn der Ball gegen das Netz gespielt wird und dadurch das Netz einen Gegenspieler berührt.

15.4 **Spielerfehler am Netz**

15.4.1 Ein Spieler berührt den Ball im Spielraum des Gegners vor oder während des gegnerischen Angriffschlages *(Regel 15.1.1)*.

15.4.2 Ein Spieler dringt in den Spielraum, das Spielfeld oder die Freizone des Gegners ein und stört dessen Spiel *(Regel 15.2)*.

15.4.3 Ein Spieler berührt das Netz oder die Antenne während der Spielaktion oder die Berührung stört das Spiel *(Regel 15.3.1)*.

16 Aufschlag

16.1 **Definition**

Der Aufschlag ist die Handlung, mit der der Ball durch den richtigen Aufschlagspieler, der sich in der Aufschlagzone befindet und den Ball mit einer Hand oder einem Arm schlägt, ins Spiel gebracht wird.

16.2 **Erster Aufschlag im Satz**

Der erste Aufschlag eines Satzes wird von dem Team ausgeführt, das bei der Auslosung das Recht dazu erlangt hat *(Regel 8.1)*.

16.3 **Auschlagreihenfolge**

Nach dem ersten Aufschlag in einem Satz wird der Aufschlagspieler wie folgt bestimmt:

a) Wenn das aufschlagende Team den Spielzug gewinnt, schlägt der Spieler, welcher zuvor aufgeschlagen hat, erneut auf.

b) Wenn das annehmende Team den Spielzug gewinnt, erhält es das Recht zur Ausführung des Aufschlages und der Spieler, der beim letzten Mal nicht aufgeschlagen hat, schlägt nun auf.

16.4 **Genehmigung des Aufschlages**

Der erste Schiedsrichter bewilligt den Aufschlag nachdem er sich überzeugt hat, dass der richtige Spieler hinter der Grundlinie in Ballbesitz ist und beide Teams spielbereit sind (Abb. 8, Bild 1).

16.5 **Ausführung des Aufschlages**

16.5.1 Der Aufschlagspieler kann sich innerhalb der Aufschlagzone frei bewegen. Im Moment des Aufschlages oder des Absprungs zu einem Sprungaufschlag darf der Aufschlagspieler weder das Spielfeld (einschließlich der Feldlinien) noch die Fläche außerhalb der Aufschlagzone berühren. Er darf nicht unter die Linie treten. Nach seinem Aufschlag darf der Aufschlagspieler den Boden außerhalb der Aufschlagzone oder innerhalb des Spielfeldes berühren.

16.5.2 Es ist kein Fehler, wenn sich die Linie durch den vom Aufschlagspieler in Bewegung gebrachten Sand bewegt.

16.5.3 Der Aufschlagspieler muss den Ball nach dem Pfiff des ersten Schiedsrichters zum Aufschlag innerhalb von 5 Sekunden schlagen.

16.5.4 Ein vor dem Pfiff des Schiedsrichters ausgeführter Aufschlag wird annulliert und wiederholt.

16.5.5 Der Ball muss mit einer Hand oder einem beliebigen Teil des Armes geschlagen werden, nachdem er zuvor hochgeworfen bzw. fallengelassen wurde und bevor er die Spielfläche berührt.

16.5.6 Wenn der Ball, nachdem er hochgeworfen bzw. fallengelassen wurde, ohne Berührung auf den Boden fällt oder gefangen wird, zählt dies als Aufschlag und das Aufschlagrecht wechselt zum gegnerischen Team.

16.5.7 Kein weiterer Aufschlagversuch wird erlaubt.

16.6 **Sichtblock**

Der Mitspieler des Aufschlagspielers darf dem Gegner weder den Aufschlagspieler, noch die Flugbahn des Balles durch einen Sichtblock verdecken. Auf Antrag des Gegners müssen sie sich seitwärts bewegen (Abb. 5).

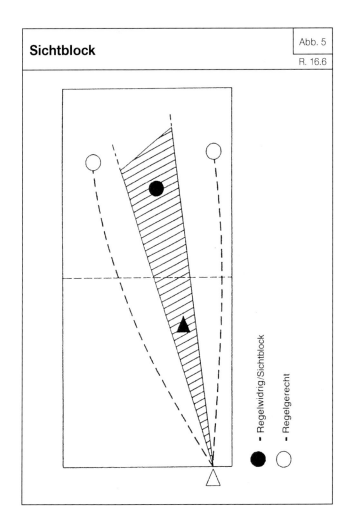

16.7 **Fehler beim Aufschlag**

Folgende Fehler führen zu einem Aufschlagwechsel. Der Aufschlagspieler:
a) hält die Aufschlagreihenfolge nicht ein *(Regel 16.3)*,
b) führt den Aufschlag nicht korrekt aus *(Regel 16.5)*.

16.8 **Fehler beim Aufschlag nach dem Schlagen des Balls**

Nach dem korrekten Schlagen des Balls wird der Aufschlag als Fehler geahndet, wenn der Ball:
a) einen Spieler des aufschlagenden Teams berührt oder die senkrechte Ebene des Netzes nicht überquert,
b) ins „aus" fliegt *(Regel 11.4)*.

17 Angriffsschlag

17.1 **Definition**

17.1.1 Alle Handlungen, bei denen der Ball in Richtung des Gegners gespielt wird, ausgenommen Aufschlag und Block, gelten als Angriffsschläge.

17.1.2 Ein Angriffsschlag gilt in dem Moment als ausgeführt, in dem der Ball die senkrechte Ebene des Netzes vollständig überquert hat oder von einem Blockspieler berührt wird.

17.1.3 Jeder Spieler darf einen Angriffsschlag in jeder Höhe ausführen, vorausgesetzt der Ballkontakt erfolgt innerhalb des eigenen Spielraumes (ausgenommen *Regel 17.2.4*).

17.2 Fehler beim Angriffsschlag

17.2.1 Ein Spieler schlägt den Ball im Spielraum des gegnerischen Teams *(Regel 15.1.2)*.

17.2.2 Ein Spieler schlägt den Ball „aus" *(Regel 11.4)*.

17.2.3 Ein Spieler führt einen Angriffsschlag als Lob mit der offenen Hand aus, wobei er den Ball mit den Fingern lenkt.

17.2.4 Ein Spieler führt nach einem Aufschlag des Gegners einen Angriffsschlag aus, wobei sich der Ball vollständig oberhalb der Netzoberkante befindet.

17.2.5 Ein Spieler führt einen Angriffsschlag im oberen Zuspiel aus, wobei der Ball nicht senkrecht zur Schulterachse gespielt wird (ausgenommen, wenn der Ball dem eigenen Mitspieler zugespielt wird).

18 Block

18.1 Definition

Der Block ist eine Aktion eines sich in der Nähe des Netzes befindlichen und über die Netzoberkante reichenden Spielers, um den vom Gegner kommenden Ball abzuwehren (Abb. 5).

18.2 Anzahl der Schläge der Blockspieler

Der erste Schlag nach dem Block darf von jedem beliebigen Spieler ausgeführt werden, einschließlich des Spielers, der den Ball beim Block berührt hat.

Ausgeführter Block

Abb. 6
R. 18.1

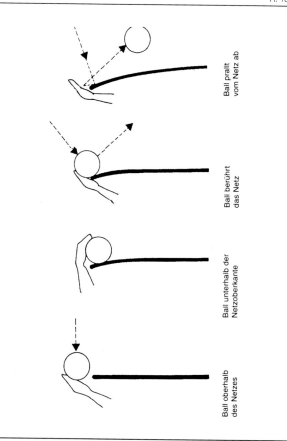

18.3 **Block im gegnerischen Spielraum**

Beim Block dürfen Spieler ihre Hände und Arme über das Netz führen, wenn diese Aktion das Spiel des Gegners nicht stört. Deshalb ist es nicht erlaubt, den Ball jenseits des Netzes zu berühren, bevor der Gegner den Angriffsschlag ausgeführt hat.

18.4 **Blockkontakt**

18.4.1 Ein Blockkontakt wird als erster Schlag des Teams gezählt. Das blockende Team hat nach dem Block nur noch zwei weitere Schläge.

18.4.2 Aufeinander folgende Kontakte (schnell und hintereinander) dürfen durch einen oder beide Blockspieler erfolgen, wenn diese Kontakte innerhalb derselben Aktion stattfinden. Diese werden als nur ein Schlag des Teams gezählt *(Regel 18.4.1)*.

18.4.3 Diese Kontakte können mit irgendeinem Körperteil erfolgen.

18.5 **Blockfehler**

18.5.1 Der Blockspieler berührt den Ball im gegnerischen Spielraum entweder vor oder gleichzeitig mit dem Angriffsschlag des Gegners *(Regel 18.3)*.

18.5.2 Ein Spieler blockt den Ball im gegnerischen Spielraum außerhalb der Antenne.

18.5.3 Ein Spieler blockt den gegnerischen Aufschlag.

18.5.4 Der Ball fliegt vom Block ins „aus".

Kapitel VI: Auszeiten und Verzögerungen

19 Auszeiten

19.1 Definition

Eine Auszeit ist eine reguläre Spielunterbrechung. Sie dauert 30 Sekunden.
Bei offiziellen internationalen Wettbewerben der FIVB gibt es im ersten und zweiten Satz eine zusätzliche Technische Auszeit, sobald die Summe der Punkte beider Teams 21 beträgt.

19.2 Anzahl der Auszeiten

Jedes Team hat in jedem Satz das Recht auf eine Auszeit.

19.3 Antrag auf Auszeit

Auszeiten dürfen von den Spielern nur dann beantragt werden, wenn sich der Ball nicht im Spiel befindet und vor dem Pfiff zum Aufschlag, wobei das entsprechende Handzeichen zu zeigen ist (Abb. 8, Bild 4). Auszeiten dürfen beliebig aufeinanderfolgen, ohne dass das Spiel wieder aufgenommen werden muss.
Das Verlassen der Spielfläche muss von den Schiedsrichtern genehmigt werden.

19.4 Unberechtigte Anträge

Unter anderem ist es unberechtigt, eine Auszeit zu beantragen:

a) während eines Spielzugs, im Augenblick oder nach dem Pfiff zur Ausführung des Aufschlags *(Regel 19.3).*

b) über die zulässige Anzahl der Auszeiten hinaus *(Regel 19.2.).*

Jeder unberechtigte Antrag, der keinen Einfluss auf das Spiel hat oder es nicht verzögert, wird ohne jede Sanktion zurückgewiesen, ausgenommen er erfolgt wiederholt im selben Satz *(Regel 20.1 b).*

20 Spielverzögerungen

20.1 Arten von Verzögerungen

Eine unberechtigte Handlung eines Teams, die davon abhält, das Spiel wiederaufzunehmen, ist eine Spielverzögerung. Dazu gehören:

a) Auszeiten zu verlängern nach der Aufforderung, das Spiel fortzusetzen.

b) unberechtigte Anträge im selben Satz zu wiederholen *(Regel 19.4).*

c) das Spiel zu verzögern (unter normalen Bedingungen sind vom Ende des Spielzugs bis zum Pfiff zur Ausführung des Aufschlags höchstens 12 Sekunden vorgesehen).

20.2 Sanktionen für Verzögerungen

20.2.1 Die erste Verzögerung durch ein Team in einem Satz wird mit einer **Verwarnung wegen Verzögerung** geahndet.

20.2.2 Die zweite und alle nachfolgenden Verzögerungen jeglicher Art desselben Teams im selben Satz werden mit einer **Bestrafung wegen Verzögerung** geahndet (Spielzugverlust).

21 Spielunterbrechungen in Ausnahmefällen

21.1 **Verletzungen**

21.1.1 Wenn sich ein ernsthafter Unfall ereignet, während der Ball im Spiel ist, muss der Schiedsrichter das Spiel sofort unterbrechen.
Der Spielzug wird dann wiederholt.

21.1.2 Einem verletzten Spieler wird pro Spiel eine Wiederherstellungszeit von maximal 5 Minuten gewährt. Der Schiedsrichter muss dem ordnungsgemäß akkreditierten medizinischen Stab gestatten, das Spielfeld zu betreten, um den Spieler zu behandeln. Nur der Schiedsrichter darf dem Spieler gestatten, die Spielfläche ohne Bestrafung zu verlassen. Nach der Wiederherstellungszeit von maximal 5 Minuten pfeift der Schiedsrichter und fordert den Spieler auf weiterzuspielen. In diesem Augenblick kann nur der Spieler beurteilen, ob er spielfähig ist.
Ist im Anschluss an die Wiederherstellungszeit der Spieler nicht wieder spielfähig oder kehrt nicht auf die Spielfläche zurück, wird sein Team für unvollständig erklärt *(Regel 7.4.3, 9.1)*.

Bemerkung: die Wiederherstellungszeit beginnt, wenn das ordnungsgemäß akkreditierte, medizinische Personal des Turniers das Spielfeld betritt, um den Spieler zu behandeln. Ist kein medizinisches Personal vorhanden, beginnt die Wiederherstellungszeit im Augenblick der Genehmigung durch den ersten Schiedsrichter.

21.2 **Äußere Beeinträchtigung**

Tritt während des Spiels eine äußere Beeinträchtigung auf, wird das Spiel unterbrochen und der Spielzug wiederholt.

21.3 **Längere Unterbrechungen**

Wenn durch unvorhergesehene Umstände das Spiel unterbrochen wird, entscheidet der erste Schiedsrichter, der Organisator und, falls vorhanden, das Kontrollkomitee, welche Massnahmen zu treffen sind, um wieder normale Bedingungen herzustellen.

21.3.1 Falls die Gesamtdauer einer oder mehrerer Unterbrechungen vier Stunden nicht überscheitet, so ist das Spiel mit gleichem Spielstand fortzusetzen, egal ob auf demselben oder auf einem anderen Spielfeld.

Die Resultate der vorangegangenen Sätze bleiben erhalten.

21.3.2 Bei einer oder mehreren Unterbrechungen mit einer Gesamtdauer von mehr als vier Stunden ist das ganze Spiel zu wiederholen.

22 Seitenwechsel und Pausen

22.1 **Seitenwechsel**

22.1.1 Die Teams wechseln die Seiten nach jeweils 7 gespielten Punkten in den Sätzen 1 und 2 bzw. 5 gespielten Punkten im 3. Satz.

22.2 **Pausen**

22.2.1 Die Pause zwischen den Sätzen dauert eine Minute. In der Pause vor einem Entscheidungssatz nimmt der erste Schiedsrichter eine neue Auslosung gemäß *Regel 8.1* vor.

22.2.2 Die Seitenwechsel *(Regel 22.1)* müssen ohne Verzögerung sofort durchgeführt werden.

22.2.3 Wenn der Seitenwechsel nicht zum vorgeschriebenen Zeitpunkt vollzogen wurde, muss er ausgeführt werden, sobald der Irrtum bemerkt wird.
Der Punktestand zum Zeitpunkt des Wechsels bleibt unverändert.

Kapitel VII: Unkorrektes Verhalten

23 Unkorrektes Verhalten

Unkorrektes Verhalten eines Teammitglieds gegenüber Offiziellen, Gegnern, Mitspielern oder Zuschauern wird je nach Schwere des Verstoßes in vier Kategorien unterteilt.

23.1 Kategorien

23.1.1 **Unsportlichkeit:** Diskutieren, Einschüchtern, usw.

23.1.2 **Grobe Unsportlichkeit:** Verstoß gegen den Anstand oder die Moral, verächtliche Äußerungen.

23.1.3 **Beleidigendes Verhalten:** Diffamierende oder beleidigende Äußerungen oder Gesten.

23.1.4 **Tätlichkeit:** Tatsächlicher oder versuchter physischer Angriff sowie aggressives oder bedrohendes Verhalten.

23.2 Sanktionen

Je nach Schwere der Unkorrektheit im Verhalten sind nach Urteil des ersten Schiedsrichters folgende Sanktionen anzuwenden und im Spielberichtsbogen einzutragen:

23.2.1 **Verwarnung:** Für unsportliches Verhalten erfolgt keine Bestrafung, aber das betroffene Teammitglied wird vor einer Wiederholung im selben Satz gewarnt.

23.2.2 **Bestrafung:** Für grobe Unsportlichkeit oder wiederholtes unkorrektes Verhalten wird das Team mit einem Spielzugverlust bestraft.

23.2.3 **Hinausstellung:** Beleidigendes Verhalten oder wiederholte grobe Unsportlichkeit wird mit einer Hinausstellung geahndet. Das mit einer Hinausstellung belegte Teammitglied muss die Spielfläche verlassen und das Team wird für den laufenden Satz als unvollständig erklärt *(Regeln 7.4.3, 9.1)*.

23.2.4 **Disqualifikation:** Versuchte oder tatsächliche Tätlichkeit, Aggressivität oder wiederholtes beleidigendes Verhalten wird mit einer Disqualifikation geahndet. Das mit einer Disqualifikation belegte Teammitglied muss die Spielfläche verlassen und das Team wird für das Spiel als unvollständig erklärt *(Regeln 7.4.3, 9.1)*.

23.3 **Skala der Sanktionen**

Unkorrektes Verhalten wird analog der Skala der Sanktionen geahndet (Abb. 7).

Ein Spieler kann in einem Satz mehrere Bestrafungen für unkorrektes Verhalten erhalten.

Sanktionen sind immer nur innerhalb eines Satzes kumulativ.

Die Disqualifikation wegen einer Tätlichkeit erfordert keine vorausgegangene Sanktion.

23.4 **Unkorrektes Verhalten vor und zwischen den Sätzen**

Jedes unkorrekte Verhalten vor und zwischen den Sätzen wird gemäß der Skala der Sanktionen (Abb. 7) geahndet. Die Sanktion wird im folgenden Satz wirksam.

Skala der Sanktionen für unkorrektes Verhalten

Grad der Unkorrektheit	Häufigkeit	Sanktion	Zu zeigende Karte(n)	Folge
1. Unsportlichkeit	erstes Mal	Verwarnung	gelb	keine Strafe
	zweites und folgende Male	Bestrafung	rot	Vorbeugung, Spielzugverlust
2. Grobe Unsportlichkeit	erstes Mal	Bestrafung	rot	Spielzugverlust
	zweites Mal	Hinausstellung	beide zusammen	Mannschaft wird für den Rest des Satzes für unvollständig erklärt, Satzverlust
3. Beleidigung	erstes Mal	Hinausstellung	beide zusammen	Mannschaft wird für den Rest des Satzes für unvollständig erklärt, Satzverlust
4. Tätlichkeit	erstes Mal	Disqualifikation	beide getrennt	Mannschaft wird für den Rest des Spiels für unvollständig erklärt, Spielverlust

Abb. 7

Kapitel VIII: Das Schiedsgericht und Verfahrensweisen

24 Schiedsgericht und Verfahrensweisen

24.1 Zusammensetzung

Das Schiedsgericht für ein Spiel setzt sich aus den folgenden Offiziellen zusammen:

- dem ersten Schiedsrichter
- dem zweiten Schiedsrichter
- dem Schreiber
- vier (zwei) Linienrichter

Ihr Standort ist in Abbildung 4 dargestellt.

24.2 Verfahrensweisen

24.2.1 Nur der erste und der zweite Schiedsrichter dürfen während des Spiels mit einer Pfeife Signale geben:

a) Der erste Schiedsrichter pfeift zur Ausführung des Aufschlags, der den Spielzug einleitet.

b) Der erste und der zweite Schiedsrichter beenden durch einen Pfiff den Spielzug, wenn sie sich sicher sind, dass ein Fehler begangen wurde und sie die Art des Fehlers erkannt haben.

24.2.2 Ist das Spiel unterbrochen, dürfen sie pfeifen, um anzuzeigen, dass sie einen Antrag eines Teams annehmen oder zurückweisen.

24.2.3 Unverzüglich nach dem Pfiff der Schiedsrichters zur

Beendigung des Spielzugs müssen sie mittels der offiziellen Handzeichen *(Regel 29.1)* zeigen:

a) das Team, das den nächsten Aufschlag ausführen wird,

b) die Art des Fehlers (falls erforderlich),

c) den Spieler, der den Fehler begangen hat (falls erforderlich).

25 Erster Schiedsrichter

25.1 Standort

Der erste Schiedsrichter übt seine Tätigkeit auf einem Schiedsrichterstuhl aus, der sich in der Verlängerung eines der Netzenden befindet. Seine Augenhöhe soll sich ungefähr 50 cm über der Netzoberkante befinden (Abb. 4).

25.2 Befugnisse

25.2.1 Der erste Schiedsrichter leitet das Spiel von Anfang bis Ende. Er hat Entscheidungsbefugnis über alle Mitglieder des Schiedsgerichts und der Teams.
Während des Spiels sind seine Entscheidungen endgültig. Er ist berechtigt, die Entscheidungen der anderen Mitglieder des Schiedsgerichts aufzuheben, wenn er sicher ist, dass diese sich geirrt haben.
Er kann ein Mitglied des Schiedsgerichts, das seine Aufgaben nicht ordnungsgemäß erfüllt ersetzen lassen.

25.2.2 Der erste Schiedsrichter kontrolliert auch die Tätigkeit der Ballholer.

25.2.3 Der erste Schiedsrichter hat das Recht, über alles zu entscheiden, was das Spiel betrifft, auch über alles, was in den Regeln nicht festgelegt ist.

25.2.4 Der erste Schiedsrichter erlaubt keine Diskussionen über seine Entscheidungen. Auf Fragen eines Spielers gibt er eine Erläuterung bezüglich der Anwendung oder Auslegung der Regeln, die seiner Entscheidung zugrunde gelegen haben.

Wenn ein Spieler mit den Erläuterungen nicht einverstanden ist und formell protestiert, muss der erste Schiedsrichter gestatten, das offizielle Protestprotokoll einzuleiten.

25.2.5 Er muss vor und während des Spiels beurteilen, ob die Spielfläche und die äußeren Bedingungen den Spielerfordernissen entsprechen.

25.3 **Zuständigkeiten**

25.3.1 Vor dem Spiel hat der erste Schiedsrichter:

a) den Zustand der Spielfläche, der Bälle und der weiteren Ausrüstung zu überprüfen,

b) mit den Teamkapitänen die Auslosung durchzuführen,

c) das Einspielen der Teams zu überwachen.

25.3.2 Während des Spiels hat nur der erste Schiedsrichter das Recht:

a) unkorrektes Verhalten und Verzögerungen zu ahnden,

b) zu entscheiden über:
- Fehler des Aufschlagspielers,
- Sichtblock des aufschlagenden Teams,
- Fehler beim Spielen des Balles,
- Fehler oberhalb des Netzes und an seinem oberen Teil.

25.3.3 Am Ende des Spiels kontrolliert der erste Schiedsrichter den Spielberichtsbogen und unterschreibt ihn.

26 Zweiter Schiedsrichter

26.1 Standort

Der zweite Schiedsrichter übt seine Tätigkeit stehend außerhalb des Spielfeldes in der Nähe des Pfostens auf der dem ersten Schiedsrichter gegenüberliegenden Seite und ihm zugewandt aus (Abb. 4).

26.2 Befugnisse

26.2.1 Der zweite Schiedsrichter ist der Assistent des ersten Schiedsrichters. Er hat aber auch seine eigenen Zuständigkeiten *(Regel 26.3)*. Falls der erste Schiedsrichter nicht mehr in der Lage ist seine Tätigkeit fortzusetzen, kann der zweite Schiedsrichter ihn ersetzen.

26.2.2 Der zweite Schiedsrichter kann ohne zu pfeifen auch Fehler außerhalb seiner Zuständigkeit anzeigen, darf aber gegenüber dem ersten Schiedsrichter nicht darauf beharren.

26.2.3 Der zweite Schiedsrichter überwacht die Arbeit des Schreibers.

26.2.4 Der zweite Schiedsrichter genehmigt Auszeiten und Seitenwechsel, kontrolliert deren Dauer und weist unberechtigte Anträge zurück.

26.2.5 Der zweite Schiedsrichter kontrolliert die Anzahl der von jedem Team in Anspruch genommenen Auszeiten und zeigt diese dem ersten Schiedsrichter und den betroffenen Spielern nach deren Ende an.

26.2.6 Der zweite Schiedsrichter genehmigt im Falle einer Verletzung eines Spielers eine Wiederherstellungszeit *(Regel 21.1.2)*.

26.2.7 Der zweite Schiedsrichter überprüft während des Spiels, ob die Bälle stets den Regularien entsprechen.

26.3 **Zuständigkeiten**

26.3.1 Während des Spiels entscheidet der zweite Schiedsrichter, pfeift und zeigt an:
 a) den fehlerhaften Kontakt des Spielers mit dem unteren Teil des Netzes und mit der Antenne auf seiner Seite des Spielfeldes *(Regel 15.3.1)*.
 b) Behinderung durch Eindringen in den gegnerischen Raum unter dem Netz (Regel 15.2).
 c) den Ball, der die senkrechte Ebene des Netzes teilweise oder komplett außerhalb des Überquerungssektors zum gegnerischen Feld überfliegt oder die auf seiner Seite befindliche Antenne berührt *(Regel 11.4)*.
 d) Den Kontakt des Balles mit einem fremden Gegenstand *(Regel 11.4)*.

26.3.2 Am Ende des Spiels unterschreibt der zweite Schiedsrichter den Spielberichtsbogen.

27 Schreiber

27.1 **Standort**

Der Schreiber erfüllt seine Aufgabe am Schreibertisch sitzend auf der dem ersten Schiedsrichter gegenüberliegenden Seite und ihm zugewandt (Abb. 4).

27.2 **Zuständigkeiten**

Der Schreiber führt den Spielberichtsbogen entsprechend der Regeln, wobei er mit dem zweiten Schiedsrichter zusammenarbeitet.

27.2.1 Der Schreiber trägt vor dem Spiel bzw. Satz die Angaben zum Spiel und zu den Teams in den Spielberichtsbogen ein und holt die Unterschriften der Kapitäne ein.

27.2.2 Während des Spiels hat der Schreiber:

a) die erzielten Punkte zu vermerken und sicherzustellen, dass die Anzeigetafel den richtigen Spielstand anzeigt,

b) jedes mal, wenn ein Spieler aufschlägt, die Aufschlagreihenfolge zu kontrollieren,

c) die Aufschlagreihenfolge jedes Teams anzuzeigen, indem er entsprechend dem Spieler, der den Aufschlag hat ein mit 1 oder 2 nummeriertes Schild zeigt. Er hat den Schiedsrichtern einen Fehler sofort mitzuteilen,

d) die Auszeiten zu vermerken, ihre Anzahl zu kontrollieren und den zweiten Schiedsrichter darüber zu informieren,

e) die Schiedsrichter auf einen unzulässigen Antrag auf eine Auszeit aufmerksam zu machen *(Regel 19.4)*,

f) den Schiedsrichtern die Satzenden und die Seitenwechsel anzukündigen.

27.2.3 Am Ende des Spiels hat der Schreiber:

a) das Endresultat einzutragen,

b) nachdem er selbst den Spielberichtsbogen unterschrieben hat, die Unterschriften der Teamkapitäne und dann der Schiedsrichter einzuholen,

c) Im Falle eines Protests *(Regel 6.1.7a)*, eine Beschreibung des dem Protest zu Grunde liegenden Vorfalls in den Spielberichtsbogen einzutragen.

28 Linienrichter

28.1 Standort

28.1.1 Bei offiziellen internationalen Spielen sind zwei Linienrichter Pflicht. Sie stehen diagonal an zwei sich gegenüberliegenden Spielfeldecken in 1–2 m Abstand von der Ecke. Jeder Linienrichter kontrolliert die Grundlinie und die Seitenlinie auf seiner Seite (Abb. 4).

28.1.2 Bei vier Linienrichtern stehen sie in der Freizone 1–3 m von jeder Spielfeldecke entfernt in den gedachten Verlängerungen der Linie, die sie kontrollieren (Abb. 4).

28.2 **Zuständigkeiten**

28.2.1 Die Linienrichter erfüllen ihre Aufgabe durch Zeichen mit einer Fahne (30 x 30 cm) (Abb. 9):

a) Sie zeigen den Ball „in" oder „aus", wenn der Ball in der Nähe ihrer Linie(n) zu Boden fällt,

b) Die Linienrichter zeigen Ballberührungen des annehmenden Teams bei Bällen, die „aus" sind an,

c) Sie zeigen an, wenn der Ball das Netz außerhalb des Überquerungssektors ins gegnerische Feld überquert, die Antennen berührt, usw. *(Regel 14.1.1)*.

Der der Flugbahn des Balls am nächsten stehende Linienrichter ist in erster Linie für das Zeigen verantwortlich.

d) Fußfehler des Aufschlagspielers werden von dem für die Grundlinie zuständigen Linienrichter angezeigt *(Regel 16.5.1)*.

Bei Aufforderung durch den ersten Schiedsrichter muss ein Linienrichter sein Zeichen wiederholen.

29 Offizielle Zeichen

29.1 **Handzeichen der Schiedsrichter** (Abb. 8)

Die Schiedsrichter und die Linienrichter müssen den Grund der Spielunterbrechung durch offizielle Handzeichen in folgender Weise anzeigen.

29.1.1 Der Schiedsrichter zeigt das Team an, das den nächsten Aufschlag ausführt.

29.1.2 Falls erforderlich, zeigt der Schiedsrichter die Art des gepfiffenen Fehlers oder den Grund der Unterbrechung an. Das Zeichen wird für einen Moment beibehalten. Wird es mit einer Hand ausgeführt, so mit derjenigen auf der Seite der Mannschaft, die den Fehler begangen oder den Antrag gestellt hat.

29.1.3 Falls erforderlich, zeigt der Schiedsrichter abschließend auf den Spieler, der den Fehler begangen hat oder auf das Team, das den Antrag gestellt hat.

29.2 **Fahnenzeichen der Linienrichter** (Abb. 9)

Die Linienrichter müssen die Art des begangen Fehlers durch die offiziellen Fahnenzeichen anzeigen und das Zeichen für einen Moment beibehalten

Offizielle Handzeichen der Schiedsrichter

Abb. 8, Bild 1 bis 4

Anzuzeigender Sachverhalt	Handzeichen auszuführen durch: E 1. Schiedsrichter Z 2. Schiedsrichter
Bewilligung des Aufschlags **Authorisation to serve** R. 16.4	E **1** Mit der Handbewegung die Richtung des Aufschlags anzeigen.
Mannschaft, die aufschlägt **Team to serve** R. 7.3 R. 24.2.3 c	E **2** Z Den Arm auf der Seite der Mannschaft ausstrecken, die aufschlagen wird.
Seitenwechsel **Court switches** R. 22.1	E **3** Z Einen Arm vor der Brust, den anderen hinter dem Rücken anwinkeln und um den Körper herum kreisen.
Auszeit **Time out** R. 19.3	E **4** Z Die Handfläche einer Hand auf die Finger der senkrecht gehaltenen anderen Hand legen (ein T bilden).

Offizielle Handzeichen der Schiedsrichter
Abb. 8, Bild 5 bis 8

Anzuzeigender Sachverhalt	Handzeichen auszuführen durch: E 1. Schiedsrichter Z 2. Schiedsrichter	
Verwarnung wegen Verzögerung Delay warning R. 20.2.1 **Bestrafung wegen Verzögerung** Delay penalty R. 20.2.2	E Die gelbe (Verwarnung) bzw. rote Karte (Bestrafung) gegen das Handgelenk halten.	5
Verwarnung od. Bestrafung wg. unkorrekten Verhaltens Misconduct warning or penalty R. 23.2.1 oder R. 23.2.2	E Bei Verwarnung die gelbe Karte, bei Bestrafung die rote Karte zeigen.	6
Hinausstellung Expulsion R. 23.2.3	E Bei Hinausstellung beide Karten zusammen zeigen.	7
Disqualifikation Disqualification R. 23.2.3	E Bei Disqualifikation beide Karten getrennt zeigen.	8

Offizielle Handzeichen der Schiedsrichter

Abb. 8, Bild 9 bis 12

Anzuzeigender Sachverhalt	Handzeichen auszuführen durch: E 1. Schiedsrichter Z 2. Schiedsrichter
Satzende oder Spielende End of set (or match) R. 7.1 R. 7.2	E 9 Z Die Unterarme mit geöffneten Händen vor der Brust kreuzen.
Ball beim Aufschlag aus der Hand geschlagen Ball not tossed or released at the service hit R. 16.5.5	E 10 Den ausgestreckten Arm, mit der Handfläche nach oben, heben.
Verzögerung beim Aufschlag Delay in service R. 16.5.3	E 11 Die fünf gespreizten Finger heben.
Sichtblock Screening R. 16.6	E 12 Z Beide Arme, mit den Handflächen nach vorn, senkrecht nach oben heben.

Offizielle Handzeichen der Schiedsrichter

Abb. 8, Bild 13 bis 16

Anzuzeigender Sachverhalt	Handzeichen auszuführen durch: E 1. Schiedsrichter Z 2. Schiedsrichter		
Ball berührt **Ball touched**	E Mit der Handfläche einer Hand über die Finger der senkrecht gehaltenen anderen Hand streichen.	**13**	Z
Ball „in" **Ball „in"** R. 11.3	E Mit den Fingern des ausgestreckten Armes auf das Feld zeigen.	**14**	Z
Ball „aus" **Ball „out"** R. 11.4	E Die Unterarme mit geöffneten Händen, die Handflächen zum Körper, senkrecht nach oben heben.	**15**	Z
Gehaltener Ball **Held ball** R. 13.5.3	E Langsam den Unterarm, mit der Handfläche nach oben, heben.	**16**	

Offizielle Handzeichen der Schiedsrichter

Abb. 8, Bild 17 bis 20

Anzuzeigender Sachverhalt	Handzeichen auszuführen durch: E 1. Schiedsrichter Z 2. Schiedsrichter		
Doppelschlag **Double contact** R. 13.5.4	E Zwei gespreizte Finger heben.	**17**	Z
Vier Schläge **Four hits** R. 13.5.1	E Vier Finger heben.	**18**	Z
Netz berührt durch einen Spieler **Net touched by a player** R. 15.4.3	E Je nach Fehler, die Oberkante oder die Fläche des Netzes berühren.	**19**	Z
Über das Netz reichen **Reaching beyond the net** R. 15.4.1, 17.2.1	E Eine Hand, mit der Handfläche nach unten, über das Netz heben.	**20**	

Offizielle Handzeichen der Schiedsrichter

Abb. 8, Bild 21 bis 23

Anzuzeigender Sachverhalt	Handzeichen auszuführen durch: E 1. Schiedsrichter Z 2. Schiedsrichter
Fehler bei der Angriffsaktion oder nach einem Aufschlag des Gegners **Attack-hit fault** R. 17.2.3, 17.2.5 or the opponent's service R. 17.2.4	**E** **21** **Z** Mit dem Unterarm bei geöffneter Hand eine Bewegung von oben nach unten machen.
Eindringen in die gegnerische Spielhälfte mit Störung oder der Ball durchquert die senkrechte Ebene unterhalb des Netzes **Interference by penetration into the opponent's court or ball crossing the space under the net** R. 15.2, R. 14.1.3	**E** **22** **Z** Auf die gedachte Mittellinie zeigen.
Doppelfehler und Wiederholung **Double fault and replay** R. 13.2.3 R. 14.3.2	**E** **23** Beide Daumen senkrecht heben.

Offizielle Fahnenzeichen des Linienrichters
Abb. 9, Bild 1 bis 3

Anzuzeigender Sachverhalt	Handzeichen auszuführen durch: L Linienrichter	
Ball „in" **Ball „in"** R. 11.3	L Die Fahne senken.	**1**
Ball „aus" **Ball „out"** R. 11.4	L Die Fahne zur Senkrechten heben.	**2**
Ball berührt **Ball touched** R. 28.2.1 b	L Die Fahne heben und deren Spitze mit der Handfläche der freien Hand berühren.	**3**

Offizielle Fahnenzeichen des Linienrichters

Abb. 9, Bild 4 bis 5

Anzuzeigender Sachverhalt	Handzeichen auszuführen durch: L Linienrichter	
Ball überquert das Netz außerhalb des Überquerungssektors oder Fußfehler des Aufschlagspielers **Ball passing outside the crossing space or server's foot fault** R. 11.4, R. 6.5.1	L Die Fahne über dem Kopf schwenken und je nach Sachverhalt auf die Antenne oder die Grundlinie zeigen.	**4**
Entscheidung nicht möglich **Judgement impossible**	L Arme anwinkeln und vor der Bust kreuzen.	**5**

Anhang

Offizieller Beach-Volleyball Spie[l...]

Wettbewerb: _____

Spiel-Nr.: _____ Court: _____ Datum: _____ Ma[...]

A / B ◯ / _____

Aufschlag-reihenfolge	Team	Spieler	Sanktionen				
	A/B		Verwarn.	Bestraf.	Hinausst.	Disqualifi.	
I	◯		:	:	:	:	
III			:	:	:	:	
Auszeit			Verzögerungsstrafen				Teamfarbe
:			Verwarn.	Bestraf.	Bestraf.	Bestraf.	
			:	:	:	:	

1 2 3 4 5 6 7 8 9 10 11 12 13 14

PUNKTE

1 2 3 4 5 6 7 8 9 10 11 12 13 14

Aufschlag-reihenfolge	Team	Spieler	Sanktionen				
	A/B		Verwarn.	Bestraf.	Hinausst.	Disqualifi.	Teamfarbe
II	◯		:	:	:	:	
IV			:	:	:	:	
Auszeit			Verzögerungsstrafen				
:			Verwarn.	Bestraf.	Bestraf.	Bestraf.	
			:	:	:	:	

Aufschlag-reihenfolge	Team	Spieler	Sanktionen				
	A/B		Verwarn.	Bestraf.	Hinausst.	Disqualifi.	
I	◯		:	:	:	:	
III			:	:	:	:	
Auszeit			Verzögerungsstrafen				Teamfarbe
:			Verwarn.	Bestraf.	Bestraf.	Bestraf.	
			:	:	:	:	

1 2 3 4 5 6 7 8 9 10 11 12 13 1[4]

PUNKTE

1 2 3 4 5 6 7 8 9 10 11 12 13 1[4]

Aufschlag-reihenfolge	Team	Spieler	Sanktionen				
	A/B		Verwarn.	Bestraf.	Hinausst.	Disqualifi.	Teamfarbe
II	◯		:	:	:	:	
IV			:	:	:	:	
Auszeit			Verzögerungsstrafen				
:			Verwarn.	Bestraf.	Bestraf.	Bestraf.	
			:	:	:	:	

erichtsbogen des DVV

| Frauen | Hauptfeld | Qualifikation | DE | Halbfinale | Finale |

A/B /

z 1   Satzbeginn (Zeit): _____

| 10 | 11 | 12 | 13 | 14 | 15 | 16 | 17 | 18 | 19 | 20 | 21 | 22 | 23 | 24 | 25 |

| 10 | 11 | 12 | 13 | 14 | 15 | 16 | 17 | 18 | 19 | 20 | 21 | 22 | 23 | 24 | 25 |

17 18 19 20 21 22 23 24 25 26 27 28 29 30 31 32 33 34 35

17 18 19 20 21 22 23 24 25 26 27 28 29 30 31 32 33 34 35

| 10 | 11 | 12 | 13 | 14 | 15 | 16 | 17 | 18 | 19 | 20 | 21 | 22 | 23 | 24 | 25 |

| 10 | 11 | 12 | 13 | 14 | 15 | 16 | 17 | 18 | 19 | 20 | 21 | 22 | 23 | 24 | 25 |

Seitenwechsel A : B

TA

Satzende (Zeit): _____

2   Satzbeginn (Zeit): _____

| 10 | 11 | 12 | 13 | 14 | 15 | 16 | 17 | 18 | 19 | 20 | 21 | 22 | 23 | 24 | 25 |

| 10 | 11 | 12 | 13 | 14 | 15 | 16 | 17 | 18 | 19 | 20 | 21 | 22 | 23 | 24 | 25 |

17 18 19 20 21 22 23 24 25 26 27 28 29 30 31 32 33 34 35

17 18 19 20 21 22 23 24 25 26 27 28 29 30 31 32 33 34 35

| 11 | 12 | 13 | 14 | 15 | 16 | 17 | 18 | 19 | 20 | 21 | 22 | 23 | 24 | 25 |

| 11 | 12 | 13 | 14 | 15 | 16 | 17 | 18 | 19 | 20 | 21 | 22 | 23 | 24 | 25 |

Seitenwechsel A : B

TA

Satzende (Zeit): _____

Offizieller Beach-Volleyball Spie

Aufschlag-reihenfolge	Team	Spieler	Sanktionen			
			Verwarn.	Bestraf.	Hinausst.	Disqualifi.
I	A/B		:	:	:	:
III			:	:	:	:

Auszeit			Verzögerungsstrafen				Teamfarbe
:			Verwarn.	Bestraf.	Bestraf.	Bestraf.	
			:	:	:	:	

1 2 3 4 5 6 7 8 9 10 11 12 13 14 1

PUNKTE

1 2 3 4 5 6 7 8 9 10 11 12 13 14 1

Aufschlag-reihenfolge	Team	Spieler	Sanktionen				Teamfarbe
			Verwarn.	Bestraf.	Hinausst.	Disqualifi.	
II	A/B		:	:	:	:	
IV			:	:	:	:	

Auszeit			Verzögerungsstrafen			
:			Verwarn.	Bestraf.	Bestraf.	Bestraf.
			:	:	:	:

A/B			TEAMS		A/B
Nr.	Name des Spielers		Nr.	Name des Spielers	
Unterschrift des Kapitäns vor dem Spiel:			Unterschrift des Kapitäns vor dem Spiel:		
Unterschrift des Kapitäns nach dem Spiel:			Unterschrift des Kapitäns nach dem Spiel:		

Schiedsgericht

Schiedsrichter	Name			Unterschrift		
1.						
2.						
Schreiber						

Ergebnis	Team A/B			Dauer (Min.)	Team A/B		
	Auszeiten	S/V	Punkte		Punkte	S/V	Auszeiten
1. Satz							
2. Satz							
3. Satz							
Total							

SIEGER: /	ERGEBNIS: 2 : (:)(:)(:)

erichtsbogen des DVV

DEUTSCHER VOLLEYBALL-VERBAND

3   **Satzbeginn (Zeit):** _____

	11	12	13	14	15	16	17	18	19	20	21	22	23	24	25
	11	12	13	14	15	16	17	18	19	20	21	22	23	24	25

Seitenwechsel
A : B

17 18 19 20 21 22 23 24 25 26 27 28 29 30 31 32 33 34 35

17 18 19 20 21 22 23 24 25 26 27 28 29 30 31 32 33 34 35

	11	12	13	14	15	16	17	18	19	20	21	22	23	24	25
	11	12	13	14	15	16	17	18	19	20	21	22	23	24	25

Satzende (Zeit): _____

n: Ergänzende Bemerkungen auf gesondertem Blatt: O

r Wahl: A oder B   Satz 1 ◯   Satz 3 ◯

Beach-Volleyball
16

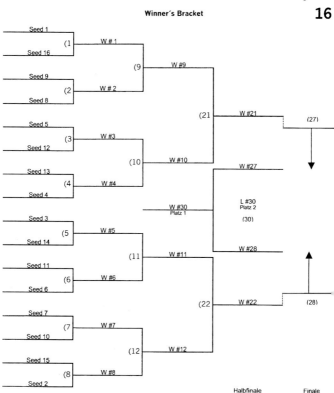

Double Elimination

Loser's Bracket

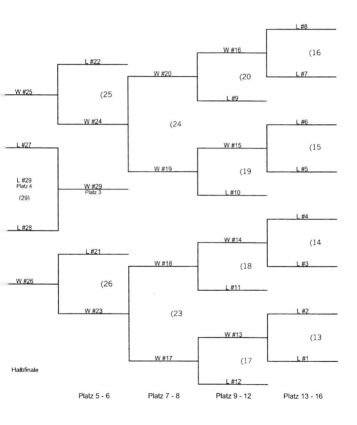

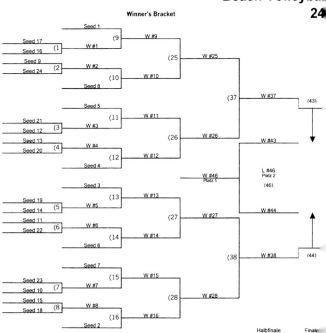

Double Elimination

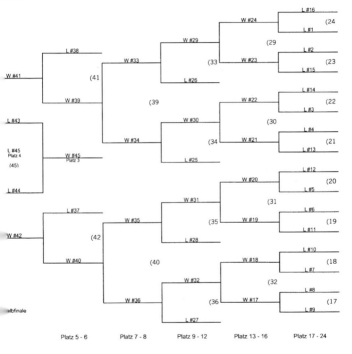

Wichtige Anschriften des DVV

Der DVV verzichtet ab dieser Auflage darauf, an dieser Stelle wie sonst üblich alle Adressen abzudrucken. Sie können die gewünschten Adressen immer aktuell unter www.volleyball-verband.de finden.

Informationen zum Beachanlagenbau

Wie baue ich eine Beach-Anlage?

Wo gibt es den besten Sand?

Welchen Sand nehme ich denn?

Welche Feldmaße sollten berücksichtigt werden?

Welche Randeinfassungen sind möglich?

Was muss ich Weiteres beachten?

Fragen über Fragen zum Bau einer Beach-Volleyball-Anlage, die auf der Internetseite des Deutschen Volleyball-Verbandes (www.volleyball-verband.de) eine Antwort finden. Hier wird Ihnen die praktische Seite zum Bau von Beach-Volleyball-Anlagen nähergebracht.

Sollten Fragen unbeantwortet bleiben, können weitergehende Informationen auch direkt beim DVV eingeholt werden:

Beach-Büro des DVV
Otto-Fleck-Schneise 8
60528 Frankfurt/Main
Tel: +49 (0)69/69800111
Fax: +49 (0)69/69800199
E-Mail: beach@volleyball-verband.de